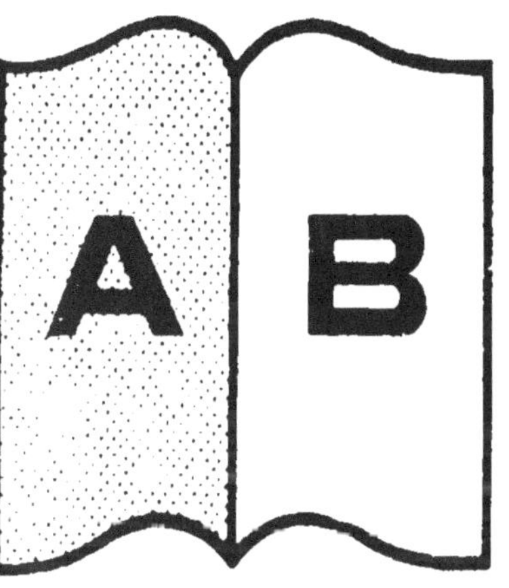

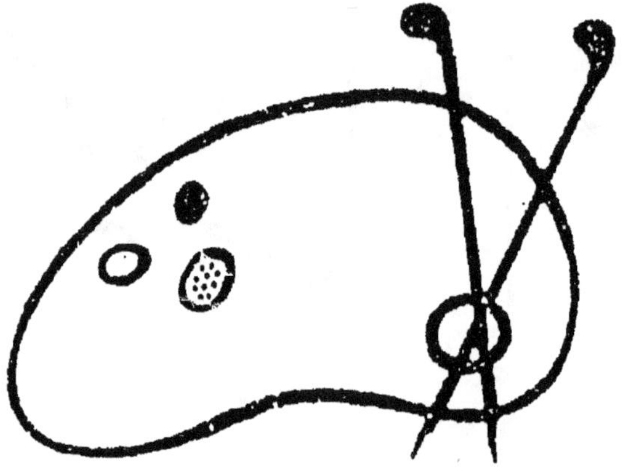

Couvertures supérieure et inférieure
en couleur

SAINT
VINCENT DE PAUL

A BERNAY

EN 1650

Par **E. VEUCLIN**

Membre de la Société de l'Histoire de France et de plusieurs
Sociétés savantes de Normandie.

PRIX : 50 CENTIMES

AU PROFIT DES PAUVRES DE LA VILLE DE BERNAY

BERNAY

DE L'IMPRIMERIE DE VEUVE A. LEFÈVRE

1876

(2)

SAINT
VINCENT DE PAUL

A BERNAY

EN 1650

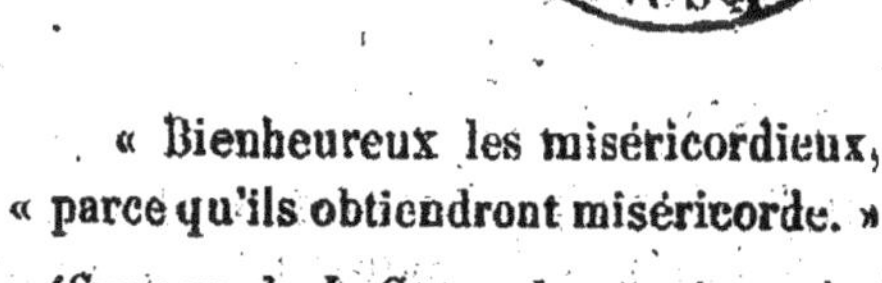

« Bienheureux les miséricordieux,
« parce qu'ils obtiendront miséricorde. »
(Sermon de J. C. sur la montagne.)

PRIX : 50 CENTIMES

AU PROFIT DES PAUVRES DE LA VILLE DE BERNAY

BERNAY

DE L'IMPRIMERIE DE VEUVE A. LEFÈVRE

1876

SAINT VINCENT DE PAUL A BERNAY

En 1650

« Bienheureux les miséricordieux, parce qu'ils
obtiendront miséricorde. »

(Sermon de J. C. sur la montagne.)

Le 300ᵉ anniversaire de la naissance de saint Vincent de Paul, célébré avec pompe, il y a quelques
semaines, dans toute la France, et en particulier dans
cette ville, nous a suggéré la pensée de rappeler à
nos concitoyens un des nombreux actes de bonté dont
est remplie la vie de ce héros de la charité, et dont
Bernay fut l'objet.

Nous verrons quelle doit être l'étendue du respect
et de la vénération que nous devons à ce fervent apô-
tre du Christ, qui pratiqua à un si haut degré les sublimes enseignements du divin Maître.

Résumons d'abord en quelques lignes la longue et
admirable biographie de cet homme, le plus grand
et le plus populaire qu'ait fourni le xviiᵉ siècle.

Vincent de Paul, fils de paysans obscurs et sans
fortune (1), naquit le mardi d'après Pâques (24 avril
1576), à Ranquines, petit hameau de la commune de
Pouy, près de la ville de Dax (Landes.)

____

(1) Son père se nommait Jean-Guillaume de Paul et sa
mère, Bertrande de Moras; il ne paraît pas qu'ils fussent
nobles comme leur nom semble l'indiquer.

Tout enfant, il gardait le petit troupeau de son père, et déjà il témoignait de la compassion pour les souffrances d'autrui.

La pénétration et l'intelligence que l'on remarquait en lui engagèrent ses parents à l'envoyer chez les Pères Cordeliers de Dax, qui l'instruisirent.

Il reçut les ordres de sous-diacre le jour de la Conception de la Vierge, en 1598, et ceux de diacre au mois de décembre de la même année, puis, fut ordonné prêtre le 23 septembre l'an 1600. Il prit ses grades à l'université de Toulouse.

Vers 1605, étant allé recueillir une petite succession à Marseille, il fut pris, en revenant à Narbonne, par des pirates turcs qui le conduisirent à Tunis, où ils le vendirent comme esclave.

Vincent ayant converti la femme de son troisième maître, renégat italien, et celle-ci ayant ramené son mari à la foi chrétienne qu'il avait abandonnée, ils s'enfuirent tous les trois de Tunis, et abordèrent à Aigues-Mortes le 28 juin 1607.

Après un séjour de près d'un an à Rome, Vincent revint en France en 1608, et mérita par ses vertus d'être nommé aumônier de Marguerite de Valois, l'épouse de Henri IV.

Il occupa ensuite la cure de Clichy-la-Garenne qu'il quitta avec regret pour être précepteur et aumônier des enfants d'Emmanuel de Gondi, alors général des galères de France. Ce fut dans cette noble et opulente maison que Vincent conçut la généreuse pensée des missions religieuses.

Sa préoccupation constante étant de secourir ceux qui souffrent, il ne se servit de son influence que pour réaliser ses chers désirs.

Vincent fonda, pour soulager les pauvres et les prisonniers, l'association des Dames de Charité, qui allait bientôt se répandre dans toute l'Europe.

En 1615 il fonda, sous l'inspiration de Mme de Gondi, le collége des Bons-Enfants, érigé, en 1626, en congrégation sous le titre de *Prêtres de la Mission* ou *Lazaristes.*

Louis XIII l'ayant nommé aumônier général des galères, en 1622, ce fut alors qu'ému de l'état affreux des forçats il s'appliqua pendant plusieurs années à soulager leurs peines et à tempérer la rigueur de leurs maux ; il fonda en leur faveur, en 1632, l'hôpital des Galériens, et en 1646, il fit doter par la reine le même établissement à Marseille.

Quelque temps auparavant, lorsque François de Salles et Mme de Chantal fondèrent les *Filles de la Visitation,* Vincent de Paul fut chargé de la supériorité de leurs pieuses filles. Le saint évêque de Genève disait « qu'il ne connaissait pas dans l'Eglise un plus digne prêtre. »

Vers 1630, Vincent créa l'institution des *Filles de la Charité,* universellement connues sous le nom de *Sœurs de Saint-Vincent de Paul,* et qui continuent si dignement l'œuvre de leur fondateur.

Dans la profonde misère du temps, les enfants des pauvres de Paris étaient souvent abandonnés dans les rues. Des rapports authentiques constatent qu'il y en avait 3 ou 400 exposés chaque année dans la ville et les faubourgs. Vincent ne put voir ces innocentes victimes sans les aimer et les secourir. Il commença (1638) par en recueillir quelques-unes qu'il confia à ses Filles de la Charité ; puis il intéressa en leur faveur la pitié des âmes sensibles et fonda, vers 1648, l'hospice des *Enfants trouvés,* qu'il soutint pendant dix ans par ses appels à la charité publique et réussit, dans sa prévoyante compassion, à le fonder pour toujours.

Les troubles de la Fronde furent pour lui l'occasion de venir en aide aux provinces envahies et dévastées.

La Lorraine, la plus éprouvée, fut aussi celle où la charité de Vincent de Paul se fit le plus sentir. Le chiffre des aumônes qu'il y distribua est incroyable pour ces temps de misères et atteignit près de seize cent mille livres !

En 1649, la Champagne et la Picardie ravagées par les guerres furent aussi l'objet de sa sollicitude.

Ce fut l'année suivante que Bernay reçut aussi un témoignage éclatant de l'amour de Vincent de Paul pour les malheureux.

Les troubles étant apaisés, on pouvait espérer des temps meilleurs, mais les ruines de la guerre ne se relèvent pas en un jour. La misère persista, et Vincent qui avait pu croire son œuvre achevée, fut obligé de la reprendre ; malgré ses infirmités et son grand âge, sa charité infatigable intervint encore pour adoucir les maux du peuple. « Il n'est pas temps, disait-il à ceux qu'il sollicitait, de s'arrêter dans le chemin de la miséricorde ; il faut se rehausser par une charité nouvelle... » et il fonda encore, vers 1653, l'hôpital du *Saint nom de Jésus*, pour les vieillards, et plus tard, l'Hôpital général.

Nous ne parlerons pas de toutes les œuvres et institutions religieuses que le saint établit ou qu'il patronna ; leur étude, si succincte qu'elle fût, remplirait un volume.

Vincent ne demandait jamais que pour les pauvres et vivait lui-même dans un état de pauvreté extrême. L'homme dont la réputation s'étendait dans toute l'Europe et devant qui s'inclinaient Louis XIII et Anne d'Autriche, Mazarin et Condé, et tous les plus grands personnages de l'époque, avait conservé toute la simplicité d'un obscur villageois. Son logement consistant en une chambre sans cheminée, avait pour tout mobilier une couchette sans rideaux, une paillasse sans matelas, deux chaises de paille, une table et un crucifix de bois.

Après de longues et cruelles souffrances, Vincent de Paul mourut le 27 septembre 1660, âgé de 85 ans.

Ses funérailles ne furent majestueuses que par leur simplicité ; les plus grands seigneurs de la cour y étaient mêlés à la foule des pauvres qui pleurait son bienfaiteur. Son cœur fut renfermé dans une boîte de plomb, et son corps dans un modeste sépulcre creusé dans le chœur de l'église de Saint-Lazare. On fit graver sur sa tombe cette épitaphe dont la simplicité répond si bien à la profonde humilité du père des enfants adoptifs :

« *Hic jacet venerabilis vir, Vincentius à Paulo presbiter, fondator seu institutor et primus superior generalis congregationis Missionis, nec non puellarum Charitatis. Obiit die 27 septembris anni 1660, ætatis verò suæ 85* (1). »

Vincent de Paul fut béatifié le 13 mai (ou août) 1729, et canonisé le 16 juin 1737.

Les Bulles du pape Clément XII éprouvèrent quelques difficultés pour l'enregistrement au parlement, et le journal d'un prêtre habitué de Ste Croix de Bernay nous apprend à ce sujet, qu'au mois d'avril 1738, « le Parlement fut ex-communié pour s'être opposé à « la Canonisation de Vincent de Paule, instituteur des « Sœurs grises (2). » L'église célèbre sa fête le 19 juillet.

« Jusqu'à présent du moins, » dit un écrivain distingué, » les libres penseurs n'ont encore rien écrit

---

(1) Mme G***, baronne de Méré — *Saint Vincent de Paul.* 1818, t. iv, p. 56.

D. Capefigue — *Vie de St Vincent de Paul.* 1818. p. 30.

(2) M. Gervais-Guillaume Gautier. — *Journal de Bernay.* 1863. *Ephémérides.*

contre ce fervent disciple du Christ, qui entendit et pratiqua une fraternité différant quelque peu de celle professée par ces philanthropes qui ne veulent plus de supérieurs, mais qui tolèrent fort complaisamment les inférieurs. Le saint drapé dans sa majesté et dans sa sérénité est resté intact et n'a point encore rencontré d'Erostrate assez audacieux pour contester sa gloire. Michelet lui-même en a parlé avec respect, et Henri Martin lui a rendu pleine justice. »

« La foule ne l'a point oublié, puisqu'elle célèbre l'anniversaire de sa naissance, et ceux qui souffrent le bénissent, puisqu'ils savent qu'ils sont soulagés et soignés dans des lieux d'asile créés par sa prévoyance et sa bonté (1). »

Les motifs qui méritèrent à Bernay l'honneur de recevoir St Vincent de Paul sont tristes et en même temps bien consolants.

« En 1649, une épidémie vint porter le ravage et la désolation dans la ville d'Orbec et y fit un grand nombre de victimes. Ce fléau commença vers les fêtes de la Pentecôte ; une grande partie des bourgeois allèrent chercher un asile à Lisieux et à Bernay (2). »

Ce furent, sans nul doute, les habitants d'Orbec qui apportèrent à Bernay les germes de l'horrible contagion qui, quelques mois plus tard (1650), décima notre ville, et dont les désastres furent encore plus grands qu'en 1596 (3).

------

(1) Gustave Claudin. — *Petite Presse* du 8 mai 1876.

(2) E. Lacour. — *Notice hist. sur la ville d'Orbec*. 1867.

(3) « La peste en 1596, « dit l'abbé Blais, » sema la mort de tous côtés et enleva, en peu de mois, une grande partie des habitants de la ville. » (*Notice hist. et archéol. sur N.-D. de la Couture*. 1852.)
Les frères de charité de la Couture ne purent, en cette

La misère qui sévissait alors sur le peuple, et principalement les mauvaises conditions hygiéniques dans lesquelles se trouvait cette cité contribuèrent singulièrement au développement rapide du fléau destructeur.

Du côté de la Couture, des fossés profonds (car Bernay était alors fortifié), remplis d'une eau croupissante et empoisonnée ; au faubourg de Cosnier, un étang et des marécages malsains ; dans l'intérieur de la ville, des rues basses, étroites et tortueuses, non pavées et remplies de cloaques d'où se dégageaient pendant les chaleurs des miasmes infects ; dans le quartier des *Penteurs*, des maisons basses et humides, à petites ouvertures presque toujours closes, ne laissant jamais pénétrer ni l'air, ni la lumière, et dont l'intérieur malpropre renfermait souvent des familles entières de *froctiers*, travaillant, mangeant et couchant dans une pièce unique ; au centre, les rues aux Juifs, des Carestes, de la Poterie et des Cordeliers, bordées de porches obscurs, servant pendant la nuit de refuge aux mendiants et aux gens sans aveu ; une quantité de ruelles, d'impasses et de recoins, remplis d'immondices et de saletés ; telle était l'insalubrité de Bernay à cette date, ce qui nous donne l'explication de ces calamités qui apparaissaient à des époques presque périodiques dans toutes les villes du royaume.

Les ravages de la peste furent terribles, et dans la seule paroisse de la Couture, où l'on comptait en moyenne 110 décès par année, le nombre des morts atteignit le chiffre effrayant de 590, savoir : en janvier, 25 ; en février, 21 ; en mars, 32 ; en avril, 40 ;

année, faire dans leur chambrette leur banquet annuel du 15 août « pour raison » dit leur registre « que la contagion et peste a régné audit Bernay ; » il eut lieu dans le couvent des Pénitents, à l'*Ermitage*.

en mai, 60 ; en juin, 36 ; en juillet, 59 ; en août, 99 ; en septembre, 119 ; en octobre, 49 ; en novembre, 25 ; et en décembre 25.

Les registres paroissiaux de Sainte-Croix étant très-incomplets, nous n'avons pu recueillir le chiffre exact des décès de cette paroisse ; mais en tenant compte de sa population encore plus nombreuse et de la déplorable situation hygiénique d'un grand nombre de ses quartiers, l'on peut affirmer que ce chiffre ne fut pas au-dessous de celui de la Couture, et que le nombre total des victimes du fléau, en 1650 seulement, fut de 1,200 au moins.

Malgré l'étendue des désastres, les quatre confréries de charité, et les nombreux ecclésiastiques des deux paroisses (1) suffirent seuls, assurément, à l'enlèvement des morts, dont le nombre ne dépassa jamais une dizaine par jour, même dans la plus grande violence du mal, en août et septembre.

Les décès furent exactement inscrits sur le registre de la Couture ; il est vrai que la mention est des plus laconiques, car elle est ainsi conçue : « *un tel,* ou, le fils *d'un tel,* inhumé de la contagion. » Il est évident que les registres des deux paroisses étaient tenus avec autant d'ordre l'un que l'autre, nous ne pensons donc pas qu'il y ait jamais eu omission d'inscription. Le dernier acte de décès sur la Couture, où il soit question de la contagion, est du 17 avril 1651 ; la peste avait donc duré plus de quinze mois.

Lorsque le fléau redoubla d'intensité, les officiers

(1) Il existait alors à Bernay quatre charités : 1° celle de la Couture, érigée en 1398 ; 2° celle de Sainte-Croix, fondée en 1400 ; 3° celle des Cordeliers, instituée vers la même époque ; 4° celle de l'Hôtel-Dieu, dont nous ignorons la date de fondation. Les ecclésiastiques des deux paroisses, curés, vicaires et prêtres habitués, étaient au nombre d'une vingtaine.

municipaux cherchèrent à en arrêter, ou du moins à en
atténuer les ravages, et firent désinfecter les habita-
tions par un procédé que nous regrettons de ne pas
connaître, mais dont il est parlé dans le titre suivant :

« Le 21ᵉ jour d'octobre 1650, pardevant les tabel-
« lions royaux de Bernay, » plusieurs ecclésiastiques
et plusieurs notables de la ville donnèrent à « hon-
« neste homme Abraham Baudry, bourgeois de Rouen,
« maistre enduiseur (?) de la maladie contagieuse »
une attestation constatant « que ledit Baudry a faict
« plusieurs enduicts et enduict plusieurs maisons qui
« estoient infectées de la maladie contagieuse, tant
« en ce dict lieu ques villages et fauxbourgs d'icelluy,
« tant à cause des désordres d'icelle maladie dans
« icelles maisons que proche d'icelles ; » l'attestation
porte encore « qu'il n'est arrivé aucun mal à ceulx
« qui depuis ont habité lesdictes maisons par lui en-
« duictes..... depuis la mi-aoust dernier..... (1).

A ce moment l'Hôtel-Dieu (2), seul établissement
hospitalier existant alors dans l'intérieur de la ville,
ne pouvant contenir tous les malades, il fut créé d'ur-
gence un *Lieu-de-Santé* dans le couvent des Pénitents,
isolé et alors inoccupé, situé à une centaine de mètres
au sud de l'église de la Couture, sur le penchant
d'un côteau parfaitement aéré (3).

______

(1) Tabellionnage de Bernay.— Nous devons à la gracieuse
obligeance de Mᵉ Hochon, notaire, la communication des
très-anciennes et très-intéressantes archives de ce tabellionnage (elles remontent à 1402).

(2) L'Hôtel-Dieu, appelé aussi *Couvent de la Grande-Rue*,
était dirigé par des sœurs grises du tiers-ordre de Saint-
François, ou Cordelières-Annonciades. — Des restes de cet
établissement se voient encore dans la cour de la propriété
de M. Frémy, rue Neuve.

(3) L'établissement des Pénitents à Bernay remonte à 1490.
F. Malbranche, *Notice sur l'ancien Couvent des Pénitents*,
1869.

Si le malheur fut grand, le dévouement du clergé et des *Charités* des deux paroisses fut grand aussi. Aucun ne recula devant le sacrifice et le danger. Les prêtres portèrent l'héroïsme à son plus haut degré et distribuèrent aux pestiférés les dernières consolations de la religion, pendant que les *frères* leur rendaient les derniers devoirs, tous avec une générosité et une abnégation au-dessus de tout éloge. Rien n'effraya leur charité et leur courage. L'image de la mort constamment devant les yeux n'ébranla jamais leur dévouement.

M. Blais, dans son ouvrage, dit que « Dieu touché d'un dévouement si généreux, les couvrit de sa puissante protection et ne permit pas qu'ils fussent atteints par le fléau. Quel ne fut pas leur étonnement, lorsque la contagion eut cessé, de voir que pas un d'entre eux, pas un seul membre de leurs familles, n'avait succombé. (1) »

Ce fait n'est pas entièrement exact, et le clergé compta au contraire un certain nombre de victimes. Les seuls registres paroissiaux de la Couture mentionnent, dans un espace de six mois, les décès de sept prêtres, savoir :

« 1650 (15 juin) ledict iour et an, messire pierre
« Bertre, pbre curé de Sainct-Nicolas de Beaumout-
« le-Roger, fut inhumé devant l'autel de saincte
« geneviesve. »

« Le 28ᵉ iour, messire iean vicart, pbre, fut inhumé
« dans la chapelle de sainct Charles. »

« (19 aoust). Le dict iour et an, messire iean buis-
« son, pbre, de la contagion. »

« (18 septembre). Le dict iour, messire nicolas
« iouvry, pbre, de la contagion. » (Ce jour-là il y eut
huit inhumations à la Couture.)

---

(1) *Notice histor. et archéol· sur N.-D. de la Couture.* 1852.

« Le 25ᵉ iour d'octobre, messire françois coupey
« fut inhumé de la contagion. »

« (22 décembre) Le dict iour, messire pierre
« goyer, pbre, de la contagion. »

La Charité de Sainte-Croix seule consigna avec soin
sur son registre la peste de 1650 résumée dans la cu-
rieuse pièce de vers suivante : (1)

> Mortel, à nos despens, apprends ta destinée :
> De l'estrange accident d'une funeste année,
> Tu verras nos péchez très iustement punis,
> Et tes maux (si tu veux) par les nôtres finis.
> Après un peu de guerre et un peu de famine,
> Pour combler nos malheurs la vengeance divine
> Nous envoia la peste, et par un triste sort
> Mit un nombre très grand de Citoïens à mort ;
> Mais, aussitost que Dieu sur ces pauvres victimes
> Exerçoit sa iustice en chastiant leurs crimes,
> Sa bonté suscita, par un trait merveilleux
> De pieux Chappelains, des frères généreux,
> Qui, sans craindre la mort, hazardèrent leur vie.
> Au milieu du danger, n'ayant point d'autre envie
> Que de glorifier Dieu : Estoient-ils advertis,
> Couroient et par miracle ont été guarantis.
> Les noms des Chappelains, des commis et des frères
> Méritent d'estre escrits d'eternels caractères (2).

Ce furent dans ces douloureuses et lugubres circonstances que le clergé de Bernay ne pouvant suffire, malgré son zèle, à secourir seul tant d'infortunes,
s'adressa à Dreux-Hennequin, abbé de l'abbaye N. D.

---

(1) Les très-intéressants registres des charités de la Couture et des Cordeliers ne font aucune mention de cette peste.

(2) Cette pièce de vers reproduite *de visu* par MM. Blais,
Aug. Le Prevost et l'auteur d'un article sur les *Confréries de
Charité*, est d'autant plus précieuse que le registre en ques-
tion a disparu lors de la dissolution de la Charité de Stᵉ
Croix, il y a 15 ans.

de Bernay (1), qui fit appel à Vincent de Paul, alors à
la cour de Louis XIV et d'Anne d'Autriche.

Le saint homme répondit avec son empressement
habituel aux vœux des malheureux habitants de Bernay, et la tradition locale rapporte que, malgré les
troubles de la Fronde, il conduisit lui-même dans notre
ville deux *Filles de charité* de sa fondation ; il avait
alors 74 ans. Ce fut dit-on dans le quartier *Grand-
Bourg,* à Cosnier, qu'elles habitèrent d'abord.

Les deux religieuses s'acquittèrent si bien de leur
pénible mission, que les habitants, sitôt que le fléau
eut disparu, firent une réclamation unanime pour les
conserver.

Leur requête fut favorablement accueillie et grâce
aux libéralités de l'Abbé et aux donations d'âmes
pieuses ou de personnes infirmes qu'elles se chargèrent de soigner, les filles de Charité reçurent en 1656,
des lettres-patentes confirmant l'établissement régulier de leur maison à Bernay.

Les pièces suivantes vont nous fournir des renseignements très-intéressants sur les phases heureuses
et malheureuses que ces dignes servantes des pauvres
eurent à traverser jusqu'à nos jours.

« Les sœurs, « lisons-nous dans une pièce sans
« date, rédigée vers 1707, » ont étay demandées par
« mr labbé de Bernay en 1651, pour visiter les ma-
« lades, médicamenter, seigner et penser les pau-
« vres, leur faire la distribution de la viande néces-
« saire pour leur faire du bouillon, du bois, pendant
« leurs maladies, le pain, et même à ceux qui n'en
« pouvoient pas gagner assez pour leurs besoins,
« quils fussent en santé parfaitte, ainci que des che-

____

(1) Dreux-Hennequin, 36ᵉ abbé de Bernay, de 1615 à 1651.
Ce fut sous son administration que furent jetés les fondements
du vaste et bel édifice converti aujourd'hui en sous-préfecture et hôtel-de-ville.

« mises, draps, couvertures, habits et les autres cho-
« ses nécessaires. Pour les quailles mrs les abbés
« successivement ont fourny à la dépense aincy quaux
« besoins des sœurs sans quil y eût dacte passé par
« le quel ces mrs ci obligeoient.

« Le 11 avril 1681, les s[œu]rs achetèrent les deux
« maisons avec six cents livres que francois langlois
« donna pour quelles se chargent de luy sain et ma-
« lade jusqua la fin de ces jours, avec dautres condi-
« tions spécifiés par le contrat quelles passèrent avec
« luy le même jour quelles passerent aussy celluy de
« lacquisition des maisons pour si loger et celles de
« leurs sœurs pour y faire ce pourquoy elles y avoient
« etay demandées aux superieurs, leurs généraux de
« paris.

« Elles remplirent lobligation contractée avec fran-
« cois langlois avant quil ny ait aucun titre de don-
« nation faitte aux pauvres, dont presque touts sont
« sur la tête des s[u]p[érieu]res qui sont stipullés et
« représantés par elles, qui doivent toucher annuel-
« lement les revennus, leurs en faire la distribution
« et en rendre comte à mrs les curés, mais non point
« du produit de la *formacie*, le fond ne vennant point
« du revennu des pauvres, car elle existait environ
« 59 ans avant que lon ne leur en eut donné, mais
« de lindustrie, des talens que le seignieur avoient
« fait la grâce aux s[œu]rs leurs bienfaitrices dac-
« querir. Elles ne leur doivent point non plus rendre
« compte de la donnation faite par marianne le fèvre
« par titres pour la fondation de la troisième s[œu]r
« ny de celle de madame le carpentier, qui est pour
« leur nourriture et entretien, dont ces deux titres
« ne sont point à la mairirie comme les autres pour
« les pauvres. (1) »

---

[1] Archives de la maison de Charité de Bernay.

Grâce à la générosité des abbés de l'abbaye (1) et
de quelques aumônes particulières, les trois sœurs de
St Vincent de Paul purent, pendant plus de 130 ans,
exercer sans obstacle leur pieux ministère, mais en
1784, les charges étant devenues plus grandes que
leurs ressources, Bernay fut sur le point de perdre
ces dignes sœurs, qui, ne pouvant plus faire tout le
bien qu'elles auraient désiré, et que l'état malheureux du pays leur imposait, résolurent de quitter
la ville.

Les réclamations unanimes des pauvres, des notables et de l'Abbé amenèrent l'échange d'une correspondance d'autant plus intéressante qu'elle ren-
ferme l'histoire des filles de Charité depuis leur établissement jusqu'à cette époque.

L'on y voit aussi que les rivalités qui avaient presque toujours existé entre l'Abbaye et les deux paroisses de la ville n'étaient pas éteintes, et que
le souvenir des nombreux et longs procès des religieux avec les curés de Ste Croix, n'était pas oublié.

Voici la correspondance qui eut lieu :

« A Monseigneur Le Comte de Vergennes, ministre
« des affaires étrangères, ayant dans son département
« la province de Normandie.

« Les Officiers municipaux de l'Hôtel-de-Ville de
« Bernay ont l'honneur de vous exposer que depuis
« 1650, il réside dans cette ville, mais sans établis-
« sement authentique, des sœurs de charité de la
« fondation de St Vincent, qui, par le moyen de quel-
« ques donations et aumônes faites en faveur des
« pauvres des deux paroisses de la ville, ont toujours

---

[1] Dreux-Hennequin [1615-1651.] — François Feydeau
de Brou (1651-1660.) — Léon Potier de Gesvres (1666-1744.)
— Jean-Bap[t] Languet de-Gergy (1745-1750.) — Jean-Léonard de Pondeux (1754-1790.)

« pris soin d'eux avec un zèle qui leur a mérité l'es-
« time et l'aplaudissement du général des citoyens.

« Cependant il a été raporté aux exposans que de-
« puis quelque tems les sœurs actuelles ont éprouvé
« des difficultés et désagrémens qu'elles disent les
« mettre dans la nécessité de partir de la ville, à
« moins qu'il ne soit formé un bureau d'administra-
« tion légal et permanent, avec lequel elles puissent
« prendre des arrangements qui leur assurent une
« existence fixe et tranquille; Et ce Bureau en effet
« ne peut être formé légalement, sans l'autorité du
« Souverain, que par le concours du général des
« deux paroisses, représenté par les membres qui
« composent le Corps municipal.

« Les Exposans, Monseigneur, ne peuvent avoir
« l'honneur de vous rendre compte des raisons que
« les sœurs prétendent avoir de se retirer de la ville;
« parce qu'encore bien qu'ils soient nez des hopitaux
« et hotels-Dieu du lieu, en vertu de l'art. 16 de l'E-
« dit de 1706 : concernant les Officiers municipaux,
« ils n'ont point été apelez aux assemblées et délibé-
« rations tenues depuis plusieurs années entre quel-
« ques uns des principaux personnages d'une des
« paroisses de la ville, tant à l'égard des sœurs que
« pour ce qui concerne les pauvres; mais si elles
« prenaient ce parti il en résulterait une perte d'au-
« tant plus essentielle pour la ville que plusieurs des
« donations faites pour les y conserver en faveur des
« pauvres, sont stipulées reversibles aux donateurs
« ou à leurs representans, le cas arrivant qu'elles
« cesseraient d'exister dans la ville pour les gouver-
« ner.

« Les Exposans, Monseigneur, sont informez que
« Monsieur l'abbé de Poudenx, abbé commandataire
« de l'abbaye Royale de cette ville, convaincu de l'u-
« tilité des sœurs de charité, comme de la nécessité

« de les conserver, pour le bien-être des pauvres, a
« formé le genereux et loüable projet de leur assurer
« une existence perpetuelle par lettres-patentes, qui
« en même tems confirmeront et assureront, aussi à
« perpetuité, aux pauvres de la ville, non seulement
« les donations et aumônes dont ils jouissent par ti-
« tres, mais encore celles en bled et argent qui leur
« ont été faites volontairement, sans actes, sur les
« revenus de l'abbaye de Bernay, tant par mondit
« abbé que par ses predecesseurs (1).

« Les Exposans, Monseigneur, en leur qualité de
« representant le général de la ville, par leurs titres
« d'officiers municipaux, ont eu l'honneur d'écrire à
« Monsieur l'abbé de Poudenx pour lui temoigner leur
« reconnaissance de son pieux et charitable projet,
« en l'assurant qu'ils ne peuvent rien faire de mieux
« que d'y donner leur adhésion, et qu'ils n'ont rien
« de plus à cœur que d'y concourir, de la manière la
« plus conforme à ses vues, à l'effet de son exécution,
« et pour obtenir une administration aussi avanta-
« geuse pour les pauvres, que régulière.

« En conséquence, Monseigneur, les Exposans ont
« l'honneur de vous adresser leurs très humbles et
« respectueuses suplications pour que vous daigniez
« vous interesser au succès du projet et a ce que
« vous daigniez aussi donner vos ordres pour qu'ils
« soient aussi autorisez d'arrêter en l'Hôtel-de-Ville,
« dans une assemblée de notables des différens Etats
« au Corps de la ville, la déliberation à ce necessaire ;
« même d'y tenir provisoirement, en cas de besoin,
« le bureau d'administration des pauvres, avec le
« concours de tels ecclesiastiques ou laïques qu'il
« vous plaira ordonner.

---

(1) M. de Poudenx s'interessait d'autant plus aux filles de
Charité de Bernay, qu'il habitait précisément la ville de Dax
près de laquelle naquit St Vincent de Paul.

« A l'effet de quoi les titres et contrats, concernant
« les revenus et affaires des pauvres, ainsi que ceux,
« si aucuns il y a, concernans les sœurs particuliere-
« ment, seront déposez aux archives de l'hôtel-de-
« ville pour en assurer la conservation, inventaire
« d'iceux préalablement faits en présence et par la
« main de telles personnes qui seront choisies dans
« la première assemblée et délibération qui s'y
« tiendra. Duquel inventaire il sera fait des copies
« pour êtres déposées savoir, un audit hôtel de ville,
« une dans chacun des coffres du t.ésor des deux
« paroisses de la ville et une aux mains des sœurs de
« charité.

« Fait au Bureau de l'hôtel de ville de Bernay ce
26 mai 1784. »

Signé LECONTE, 1er échevin — Le Prevosts, échevin
    — LE COMTE, proc^r du Roi — PIVALLE,
    assesseur — FOUQUIER, secrétaire-gref-
    fier (1).

Le lendemain, les officiers municipaux adressèrent
également la lettre suivante à M. Pétigny de S^t Ro-
main, 1er commis du bureau du Dépôt audit ministère :

« Monseigneur,

« Comme la cause des pauvres intéresse toujours
« les âmes honnêtes et bienfaisantes, nous avons tout
« lieu de nous flatter que vous daignerez accueillir
« favorablement le mémoire que nous avons eu
« l'honneur de vous adresser en faveur de ceux de
« cette ville et des sœurs de charité qui les gouver-
« nent.

« Sachant, Monseigneur, que M. l'Archevêque de

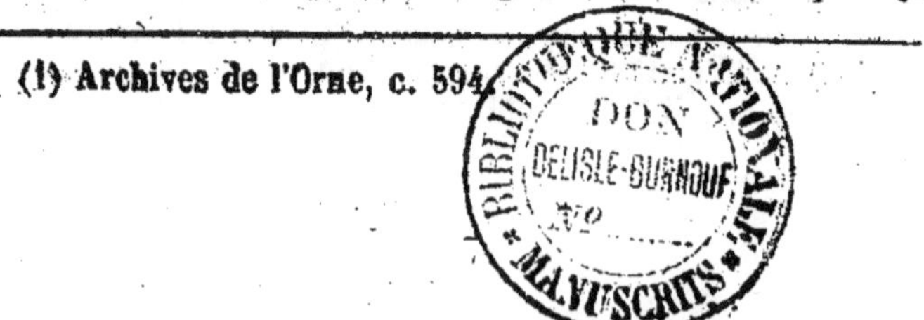

« Paris, protège les sœurs de cet ordre, et que
« M' l'Evêque de Liz'eux a des droits à l'administra-
« tion des revenus et affaires des hopitaux et hôtels-
« Dieu de son diocèse, dont Bernay fait partie, nous
« avons eu l'honneur d'écrire à ces deux prélats et de
« leur envoyer chacun une copie de ce mémoire afin
« de les mettre en état de faire en conséquence ce
« qu'ils croiront nécessaire pour l'apui et le succez
« d'une cause légitime.

 « Nous sommes avec le plus profond respect,

   « Monseigneur,

  « vos très humbles et obéissants serviteurs. »

Suivent les mêmes signatures que celles mention-
nées plus haut.

 « Au Bureau de l'hôtel-de-ville de Bernay, ce 27
« mai 1784. » (1)

Au reçu de cette lettre M' de Vergennes écrivit de
suite à l'Intendant de la Généralité à Alençon la lettre suivante :

   « Versailles, le 3 juin 1784.

 « Je vous renvoie, Monsieur, une lettre et un mé-
« moire des officiers municipaux de Bernay concer-
« nant les sœurs de charité de cette ville et les biens
« destinés au soulagement des pauvres. Je vous prie
« de vous procurer sur cet objet tous les éclaircis-
« ments nécessaires, et de me marquer ce que les
« circonstances vous paraîtront exiger.

 « J'ai l'honneur d'être parfaitement, Monsieur, vo-
« tre très humble et très obéissant serviteur.

     « DE VERGENNES.

 « A M' l'Intendant d'Alençon. » (2)

Le même jour, celui-ci écrivit à son subdélégué, à
Bernay, pour le charger d'instruire cette affaire et

(1-2) Archives de l'Orne.

voici la réponse que lui fit Ledanois de la Soisière,
lieutenant général civil et criminel du bailliage d'Orbec et Bernay :

« A Bernay, ce 5 juin 1784.

« Monseigneur,

« Je vais suivant vos ordres prendre des éclaircis-
« sements sur l'objet du Mémoire concernant les
« sœurs de la charité de cette ville, que les officiers
«" municipaux ont eu l'honneur d'adresser à M. le
« comte de Vergennes et dont ils ont eu celui de
« vous rendre compte.

« Je sais, Monseigneur, que cette affaire intéresse
« ici beaucoup de monde, qu'on y fait en général des
« vœux pour que les sœurs, dont l'extrême utilité y
« est reconnüe, continuent d'y rester et y soient fon-
« dées ; que M' l'abbé de Poudenx abbé de cette ville
« fait la proposition de faire les frais de cette fonda-
« tion, que M' le curé de Sainte-Croix et trois ou
« quatre de ces principaux paroissiens contrarient les
« vues bienfaisantes de M' l'abbé.

« J'ai l'honneur d'être avec un très-profond respect,
« Monseigneur, votre très humble et très obéissant
« serviteur.

« LE DANOIS DE LA SOISIÈRE. » (1).

L'intendant transmit cette réponse le 6, jour de sa
réception à M. de Vergennes, à Paris, qui la soumit
probablement à qui de droit.

De son côté, l'abbé de Bernay avait envoyé à Louis
XVI, la supplique suivante, qui complète les renseignements fournis par les titres précédents :

« AU ROY

« SIRE,

« Suplie très humblement Monsieur Jean-Léonard

---

(1) Arch. de l'Orne.

« de Poudeux, Abbé commandataire de l'abbaye de
« Bernay, Aumonier ordinaire de Madame.

« Et a l'honneur de remontrer à Votre Majesté, que
« vers l'année 1650, St Vincent de Paule conduisit en
« la ville de Bernay deux sœurs de charité de sa fon-
« dation pour soigner et gouverner les pauvres ma-
« lades dans une épidémie qui régnoit alors.

« Les bons soins que ces deux sœurs donnèrent
« aux pauvres malades de la ville et des alentours,
« firent sentir la nécessité de les conserver, et, depuis
« cette époque les pauvres de Bernay ont trois sœurs
« de Charité pour les gouverner pendant leurs mala-
« dies.

« Leur attachement, leur activité et leur zèle pour
« le soulagement des pauvres ne se sont point ral-
« lentis ; ont les voit sans cesse toutes trois occupées
« à visiter les pauvres malades, à les gouverner, à
« les médicamenter et à leur donner tous les secours
« et toutes les consolations que la charité la plus so-
« lide et la plus fervente peut leur inspirer.

« Le supliant remontre à Votre Majesté avec une
« tendre sollicitude pour les pauvres d'une Ville dont
« en qualité D'abbé, il est le seigneur, que ses sœurs
« de Charité n'y ont aucun établissement solide, et
« qu'elles peuvent d'un moment à l'autre l'abandon-
« ner pour se rendre ailleurs, où travaillant avec le
« même zèle, elles pourront être plus favorablement
« traitées.

« Les Sœurs de Charité attirées à Bernay, par les
« seigneurs Abbés prédécesseurs du supliant, ni ont
« subsisté que de leurs travaux et des bienfaits des
« seigneurs abbés, elles n'y subsistent pas même au-
« trement aujourd'huy. Elles n'ont qu'une maison
« qu'elles ont achetées des denniers à elles donnée
« par des âmes charitables pour les loger tant qu'el-
« les resteront dans la ville et y soigneront les pau-

« vres malades, dont elles louent une partie par
« soixante-douze livres, Et deux rentes, l'une de
« soixante-treize livres pour la fondation d'une
« d'elles, et l'autre de cent livres à elle donnée dans
« ces dernières années par Madame Le Carpentier,
« avec clause de retour aux héritiers de la donatrice
» si elles quittoient la Ville. Ces sommes réunies ne
« forment qu'un capital de deux cents quarante-cinq
« livres, qui n'est pas suffisant pour nourrir et entre-
« tenir trois sœurs de Charité et une servante qui leur
« est indispensablement nécessaire.

« Les Seigneurs abbés y ont toujours suppléé, en
« leur confiant la distribution de leurs aumônes et en
« les authorisant d'y prendre tout ce qui serait néces-
« soire pour leur subsistance et pour leur entretien. Les
« sœurs de Charité avoient en outre la distribution
« de sept cents et quelques livres de revenu de dona-
« tions faites aux pauvres en leurs personnes et par
« elles acceptées pour et au nom des pauvres, savoir
« 500 l. pour ceux de la paroisse de Ste-Croix et 200 l.
« pour ceux de Notre-Dame-de-la-Couture.

« Quoique ces sœurs se soient toujours fidellement
« acquittées des distributions qui leur estoient con-
« fiées, Le Sieur Curé Vicaire perpétuel de Sainte-
« Croix a trouvé le secret d'engager les habitants à
« leur retirer non seulement la distribution aux pau-
« vres de sa paroisse, mais même de la moitié des
« aumônes du seigneur abbé et de son authorité pri-
« vée il a établi un bureau composé de quatorze ad-
« ministrateurs pour la faire, à la tête duquel il s'est
« placé. On a poussé l'erreur dans la paroisse de
« Sainte-Croix au point de prétendre que les sœurs de
« Charité ne devoient leurs secours et leurs soins
« qu'aux pauvres de cette paroisse et de vouloir les
« empêcher de secourir les pauvres de la paroisse de

« Notre-Dame de la Couture, qui fait la majeure par-
« tie de la Ville.

« Il est intéressant pour la ville de Bernay, que
« tous ses pauvres soient également soignés et gou-
« vernés; et les seigneurs abbés prédécesseurs et le
« supliant en les appelant n'ont jamais eu de prédi-
« lection pour une paroisse, et le supliant en dési-
« rant les conserver, cherche le bien de tous les pau-
« vres de la Ville, c'est-à-dire des deux paroisses, il
« croit n'y pouvoir parvenir plus surement qu'en les
« dotant et fondant à perpétuité.

« Par là, Sire, le supliant remplira les vües des
« seigneurs abbés ses prédecesseurs, les vües de la
« ville entière qui désire la continuation des sœurs
« de la Charité et remplira l'unique but qui le dirige,
« Celuy de donner aux pauvres de toute la ville, la
« dernière preuve de son attachement pour eux et de
« son désir de leur procurer des secours et des sou-
« lagements même après luy.

« Les aumones de l'abbaye de Bernay consistoient
« lorsque Votre Majesté a daigné y nommé le supliant,
« En Cent Cinquante six Boisseaux de Bled froment
« et en deux cents livres d'argent par chacun an,
« le supliant a continué les aumones en bled dans
« l'état où il les a trouvées (1), et a porté les aumones

---

(1) Charles Delaunay, fermier des moulins de l'Abbaye, par
les clauses de son bail daté du 23 janvier 1773, devait pré-
lever sur les 209 boisseaux de blé qu'il était obligé de fournir aux religieux, les 156 boisseaux donnés par l'abbé aux
Sœurs de St Vincent de Paul. La quittance suivante a rap-
port à une de ces livraisons : « Je certifie avoir reçu de
« Charles Delaunay toute la farine qu'il devoit aux pauvres
« de Ste-Croix et de la Couture, fait à Bernay ce deux jan-
« vier mil sept-cents quatre vingt trois par moy.
« Sœur Dauvet fille de la Charité. »
[Collection de notre savant ami, M. l'abbé Loir, président
de la Société historique de Lisieux.]

« en argent à quatre cents livres au lieu de deux
« cents, que donnoient ses prédecesseurs aux pauvres
« de la ville.

« Ces aumônes ne sont fondées que sur la Charité
« de Messieurs les abbés, le supliant croit qu'on ne
« peut pas mieux en employer une partie, qu'à ren-
« dre solide et perpétuelle l'établissement des sœurs
« de la Charité dans la Ville, affin d'assurer à jamais
« aux pauvres des secours et des soins dans leurs
« maladies.

« Pour parvenir à cet affermissement de l'établis-
« sement des sœurs, le supliant a l'honneur de pro-
« poser à Votre Majesté d'ordonner que les Charités
« que ses predécesseurs, et luy ont jusqu'à ce moment
« volontairement faites, soient forcément continuées
« à l'avenir par lui et ses successeurs, à perpétuité,
« et qu'une partie serve à l'entretien et nourriture des
« dittes sœurs. Le nombre des pauvres est tel dans
« la Ville de Bernay, que trois sœurs de Charité suf-
« firont à peine, pour donner tous les secours con-
« venables aux malades ; il faut en outre aux sœurs
« une servante ; le prix des denrées dans la province
« de Normandie ne permet pas d'accorder moins
« que trois cents livres, pour la nourriture de chaque
« sœur, et celle de 150 l. pour celle de leur servante,
« ce qui compose une somme de 1050 l. pour tout.

« Les sœurs n'ayant, comme le supliant a eu l'hon-
« neur de l'observer ci-dessus à Votre Majesté, que
« deux cents quarante cinq livres de rente ; il vous
« propose, Sire, d'ordonner qu'il sera tous les ans
« pris sur les revenus de l'abbaye de Bernay (1) 805 l.
« en argent, sans aucunes retenûes de droits prévus
« et imprévus.

---

(1) Ces revenus s'élevaient à plus de 65,000 l. en argent,
sans compter les redevances en bled, avoine, paille, foin, etc.

4

« De réduire l'aumône en bled à cent boisseaux
« par chacune année affin de luy laisser, et aux sei-
« gneurs abbés ses successeurs, la faculté de faire
« sans aucune contrainte, les charités et aumônes
« que leur amour pour les pauvres pourra leur inspirer.

« Le supliant a également l'honneur de proposer
« à Votre Majesté d'ordonner, que les sœurs feront
« la distribution de cent boisseaux de bled pris sur
« l'Abbaye, savoir, cinquante boisseaux aux pauvres
« de Ste-Croix, et cinquante aux pauvres de la Cou-
« ture, que cette distribution sera par elles faite prin-
« cipalement aux pauvres malades et ensuite aux plus
« nécessiteux, d'ordonner qu'elles feront également
« la distribution des sept cents livres de revenu, sa-
« voir, 500 l. aux pauvres de Ste-Croix et 200 l. aux
« pauvres de la Couture, le tout suivant et confor-
« mément aux intentions et volontés des donateurs.

« Jamais, Sire, établissement ne fut plus utile à
« consolider, que celuy, que le supliant sollicite de
« votre justice. Votre bonté paternelle pour tous
« vos sujets, votre attachement à soulager les pau-
« vres l'engage à recourir avec la plus ferme con-
« fiance à Votre Majesté.

« A ce qu'il vous plaise, Sire, ordonner la confir-
« mation de l'établissement des trois sœurs de Cha-
« rité dans la Ville de Bernay, et d'une servante,
« qu'elles y subsisteront à perpétuité pour le gouver-
« nement des pauvres des deux paroisses de la Ville,
« accorder à cet effet vos Lettres-patentes, ordonner
« que les sœurs jouiront à l'avenir et à perpétuité de
« la maison qu'elles occupent, qu'elles auront pour
« leur subsistance les Loyés de la portion par elles
« louée, les rentes de soixante et treize livres et cent
« livres et en outre 805 l. tous les ans à prendre
« exemptes de tous droits sur l'abbaye de Bernay,
« payables en quatre termes égaux et par avance de

« trois mois en trois mois, ainsi continuer d'an en an
« et de terme en terme, tant qu'elles subsisteront en la
« Ville de Bernay et y donneront leurs soins aux pau-
« vres, desquelles sommes elles seront dispensées de
« rendre aucun conte au bureau ; que les abbés de Ber-
« nay, de ce jour et à l'avenir délivreront à toujours
« et tous les ans cent boisseaux de bled froment aux
« sœurs de la Charité dont elles feront la distribu-
« tion, savoir : De 50 boisseaux aux pauvres de S^{te}-
« Croix et de 50 aux pauvres de la paroisse de la
« Couture, que ces distributions seront particulière-
« ment faites aux pauvres dans le cours de leurs ma-
« ladies, et l'excédant aux plus indigents et nécessi-
« teux. Desquelles distributions elles rendront conte
« au bureau.

« Que les dittes sœurs continueront de faire la dis-
« tribution des deux cents livres de revenu données
« aux pauvres de la paroisse de la Couture, et qu'el-
« les feront la distribution des 500 l. appartenant
« aux pauvres de la paroisse Ste Croix, comme elles
« avoient toujours fait jusqu'à l'année 1776, à l'effet
« de quoy ordonner que tous les titres et contrats,
« seront remis au bureau auquel les dittes sœurs
« rendront compte des profits qu'elles feront sur les
« ventes des remèdes aux personnes riches et en état
« de payer, sur lesquels profits seront prises les
« sommes nécessaires pour le bois, charbon et chan-
« delles pour la composition des remèdes fournis
« tant aux riches qu'aux pauvres, la cuisson du pain,
« les gros linges, le blanchissage du linge des pau-
« vres, les réparations de la maison, et le surplus,
« s'il y en a, sera employé au soulagement des pau-
« vres, dont elles rendront compte au bureau.

« Ordonner enfin pour veiller à la conservation
« des intérêts des pauvres, l'établissement d'un bu-
« reau de charité en la manière et forme, qu'il plaira

« à Votre Majesté de l'ériger, et dont le supliant et
« ses successeurs en l'abbaye de Bernay seront à
« perpétuité les premiers administrateurs nés avec
« faculté de se choisir quelqu'un pour le remplacer
« vu l'éloignement de six lieües du Seigneur Evêque
« et Comte de Lisieux, fixer et déterminer les pou-
« voirs dudit bureau, le nombre des administrateurs
« en observant qu'il y en ait autant d'une paroisse
« que de l'autre, c'est-à-dire autant de la paroisse de
« Ste Croix que de celle de la Couture, faire à cet
« égard tout ce qu'il conviendra à Votre Majesté, ce
« qu'accordant le supliant et les pauvres de la ville
« de Bernay ne cesseront d'adresser leurs vœux pour
« la conservation des précieux jours de Votre Ma-
« jesté. (1). »

Le bureau de charité dont la composition ne ré-
pondait pas à la satisfaction générale, était, en 1783,
présidé par le curé de Ste Croix, le fameux Lindet (2)
qui, comme nous l'avons vu, était quelque peu hos-
tile à l'Abbaye ; ce bureau était administré conjoin-
tement par les marguilliers et des notables élus par
la paroisse de Ste Croix (3).

Il y a tout lieu de croire que Louis XVI accorda
satisfaction à la requête de l'abbé et des habitants de
Bernay ; mais six ans plus tard, la Révolution vint
anéantir ces dispositions si bien arrêtées.

Le décret du 13 février 1790 supprimant tous les
ordres religieux, monastères, etc., amena-t-il la dissolution des sœurs de Charité et leur départ de Ber-

---

(1) Copie de l'époque, conservée dans les Archives de la
maison de Charité de Bernay.

(2) Robert-Thomas Lindet, enfant de Bernay, fut élu évé-
que constitutionnel de l'Eure, en 1791. Voir sa biographie
complète dans notre *Histoire de la ville de Bernay*.

(3) *Almanach de Lisieux*. Mistral, 1784.

nay? Nous l'ignorons. Peut-être sous l'habit séculier, purent-elles continuer, sans obstacle, leurs services aux malheureux ; quoiqu'il en soit, nous aimons à croire que si elles ne trouvèrent pas grâce devant la loi commune, si elles durent quitter leur maison, le respect populaire et général dont elles étaient entourées, les mirent du moins à l'abri des outrages et des persécutions que les farouches patriotes n'épargnèrent point à tous les corps religieux pendant la sanglante époque de la Terreur.

Le concordat de 1801 permit aux religieuses de reprendre leur pieux et charitable ministère qu'elles exercèrent jusqu'en 1844, dans leur maison située dans la rue portant encore de nos jours le nom de rue de Saint-Vincent-de-Paul (1).

En plus de leur mission primitive, les sœurs de charité s'occupant alors de l'instruction gratuite des jeunes filles et dirigeant aussi la salle d'asile, le local qu'elles habitaient fut reconnu insuffisant, et, en 1844, la ville, en mémoire des services qu'elles rendaient à la population, acheta à grands frais (pour 65,000 francs), le couvent des Ursulines de la porte de Rouen, qu'elles occupent depuis cette époque (2).

Huit religieuses composent aujourd'hui la maison de la Miséricorde de Bernay. Une trentaine d'orphelines y sont entretenues au moyen de leur travail, de secours généreux et d'œuvres particulières telles que loteries de bienfaisance, assemblées de charité, etc.

---

(1) Cette maison, dont la reconstruction remonte à une quarantaine d'années, est actuellement le local de la salle d'asile.

(2) Ces Ursulines, établies à Bernay en 1836, n'avaient pu se maintenir et n'étaient plus qu'au nombre de 4 lors de la vente de leur maison.

Plus de 150 élèves fréquentent les écoles très-bien tenues par les sœurs.

Une chapelle édifiée dans un appartement du premier étage est ornée par leurs mains et possède une bonne copie d'un ancien tableau de l'église Ste Croix, représentant *Jésus au Jardin des Oliviers*; cette copie est l'œuvre d'une jeune sœur décédée, dont le talent artistique n'était pas sans mérite.

Une relique du saint; un ancien portrait bien ressemblant, une collection de 13 gravures à l'eau forte et au burin, d'après de Troy, Jean-André Galloche, etc., représentant les principaux épisodes de la vie si bien remplie de leur pieux fondateur forment la richesse de leur maison (1).

Une vaste cour et un jardin charmant longé par la Charentonne, des préaux couverts, etc., offrent toutes les conditions d'hygiène et d'agrément désirables.

Espérons que les sages administrateurs de notre cité ne se déshonoreront jamais par le crime de lèse humanité, commis par le conseil municipal de Paris, dans sa séance du 4 mai dernier, et que les bonnes sœurs de Saint-Vincent resteront continuellement au milieu de nous !

Les passions politiques qui, de nos jours, troublent et divisent la société française; l'égoïsme qui pétrifie et dessèche les cœurs, et la libre-pensée qui matérialise et abrutit les intelligences, s'inclinent cependant avec respect devant la charité chrétienne et lui rendent hommage. Aussi, est-ce avec une douce émotion que nous nous rappelons la touchante manifestation populaire qui se produisit à Bernay, il y a dix-huit mois, lors des funérailles d'une humble servante des pauvres, *la sœur Vincent*. (18 octobre 1874.)

---

(1) L'église Ste Croix possède aussi une précieuse relique et un portrait ancien de saint Vincent-de-Paul.

A ses funérailles, comme à celles du saint dont cette bonne fille portait le nom, se pressait une foule nombreuse où toutes les classes de la société avaient à cœur de rendre un dernier témoignage d'estime et de reconnaissance à celle qui, par sa bonté, son affabilité et sa bienveillance pour tous, avait mérité les sympathies générales.

Laissons la parole à un narrateur autorisé :

« Samedi dernier, « écrit M. B. L. L., » Bernay était en fête : une foule énorme remplissait les rues. (C'était à l'occasion du passage du maréchal de Mac-Mahon.)

« Le lendemain dimanche, de bonne heure, une foule aussi considérable, peut-être, se pressait; mais ce n'était plus pour une fête : sombres vêtements! physionomies attristées!! on se dirigeait vers la *Miséricorde*, on devait enterrer sœur VINCENT! cette excellente et simple fille qui, pour le bien de tous, semblait ne devoir jamais mourir, et qui, cependant, a été enlevée en peu de jours, presque jeune encore!

« Pourquoi cette foule, formée de riches, de pauvres, de familles presqu'entières, de personnes venues des environs, sans souci de la distance? pourquoi les pompiers qui sauvegardent nos intérêts, à l'heure du danger? pourquoi la musique municipale?

« Pour rendre honneur à une humble fille, qui devait être fort surprise si, comme j'en ai l'espoir, du haut du ciel, elle voyait ce cortége, à une fille de la charité qui, certes, pendant sa vie, s'était crue bien ignorée, qui marchait, tête baissée, sans souci des regards et dont le nom de famille n'avait même jamais été prononcé : on disait simplement : sœur Vincent! C'est qu'à Bernay on sait être reconnaissant..... Et personne n'a plus droit à la reconnaissance que sœur Vincent! Depuis vingt-sept ans, son temps, ses dé-

marches, ses fatigues ont été pour nous ! Elle servait
Dieu dans les pauvres, les affligés, les malades ! Beaucoup de personnes riches lui confiaient leurs aumônes
ou s'inspiraient auprès d'elle pour donner d'une manière plus éclairée : car elle ne connaissait même pas
la joie de distribuer son bien propre. Si on lui con-
fiait beaucoup, elle était radieuse ; si elle n'avait rien
et qu'elle dût refuser, elle souffrait : mais, alors,
elle doublait l'aumône de sa compassion, de sa sym-
pathie.

« Digne fille de Saint-Vincent-de-Paul, elle savait
que le sacrifice de soi-même est encore plus agréable
à Dieu que de longues prières : elle satisfaisait seulement aux exigences de sa règle, s'enfermait de
bonne heure dans un petit laboratoire où nous l'avons
vue souvent panser des plaies hideuses, distribuer
des remèdes et des secours avec un tact, un discer-
nement qui auraient pu porter ombrage à des princes
de la science. Elle ne sortait de là que pour monter
dans les mansardes, pour courir dans les campagnes,
donnant un conseil, une consolation, faisant toujours
le ciel plus serein.

« Combien de fois l'avons-nous rencontrée dans
nos hameaux, même le dimanche, pendant de longs
offices qui ne sont pas de rigueur, parce qu'un infirme
l'appelait : elle ne voulait pas le faire attendre et elle
disait : « Je fais mon oraison en regardant les arbres
« et les champs. »

« Sa digne et généreuse supérieure avait, pour
elle, des faveurs : c'est-à-dire que sœur Vincent pouvait manger à la hâte, et même ne pas rentrer toujours à la Communauté aux heures fixées pour les re-
pas. Un pauvre souffre ! avant tout, il faut le soulager.

« Que de services n'a-t-elle pas rendus pendant la
guerre ! La maison de la Miséricorde était ouverte à

nos pauvres soldats : beaucoup ont parlé au loin, dans leurs familles, des soins qu'on leur a prodigués (1).

« . . . . . . La foule qui s'était pressée dans l'église était triste : mais elle semblait ne pas douter du bonheur éternel de celle qui n'est plus. M. de Puyferrat, sous-préfet, a bien voulu faire la quête : je crois que chacun, en donnant avec autant d'empressement, songeait aux pauvres de sœur Vincent !

« Le cercueil était couvert de bouquets et de couronnes ! M. l'archiprêtre avait voulu que le service divin fut célébré avec le plus de pompe possible.

« Le corps a été déposé dans le terrain maintenant réservé où reposent trois filles de la Charité, mortes depuis longtemps.

« Avant de quitter la tombe, M. le curé a remercié le corps de pompiers et la musique municipale de s'être associés au deuil de la ville, en rendant les derniers honneurs à la TRÈS-REGRETTÉE sœur Vincent.

« Puis M. le colonel Goujon a prononcé le discours suivant :

« Messieurs,

« Je prends la parole, non comme voix autorisée,
« mais comme chacun de nous peut le faire, pour ex-
« primer les sentiments de son âme devant les restes
« mortels d'une femme de bien, l'amie et la sœur des

---

(1) Pendant cette funeste guerre de 1870-1871, combien de faits héroïques ignorés n'ont-ils pas été accomplis par les sœurs de Charité? Les journaux de l'époque sont remplis de leur nom, et plusieurs actes de leur noble conduite sont consignés dans les livres suivants : *Les femmes de France pendant la guerre et les deux sièges de Paris*, par Paul et Henry de Trailles. — *Foi et Patrie ou la France chrétienne*, par F. de Valserres. — *L'héroïsme en soutane*, par le général Ambert, etc.

5

« pauvres, la providence des malades, l'abnégation
« chrétienne incarnée.

« La sœur Vincent est morte! Tel est le cri de
« douleur qui, courant dans la ville avec la rapidité
« de l'éclair, a jeté la consternation et le deuil dans
« la population toute entière. La sœur Vincent est
« morte! et, sous la première impression de cette
« foudroyante nouvelle, tous les malheureux de croire
« que la charité était morte avec elle.

« Erreur d'une douleur suprême, légitime et natu-
« relle! La charité ne meurt pas; elle est immortelle
« comme tous les grands principes.

« Devant les décrets de la divine Providence il n'est
« permis d'élever aucune récrimination; si Dieu l'a
« rappelée sitôt, c'est que la mesure du dévouement
« et du sacrifice était comble; c'est qu'il était pressé
« de lui décerner l'éternelle récompense de ses nom-
« breux travaux.

« Adieu, ma sœur! que vos restes aimés reposent
« en paix entourés de notre vénération, et que nos
« regrets unanimes et la reconnaissance publique
« accompagnent votre âme devant le souverain
« Juge (1). »

« L'émotion des assistants a prouvé qu'il avait
compris et exprimé les sentiments de tous.

« Chère bonne sœur, à l'exemple du Maître qu'elle
s'était choisi, elle a passé en faisant le bien!

« Une ville s'honore lorsqu'elle sait apprécier l'abnégation, l'oubli complet de soi-même, reconnaître
les services rendus avec humilité et foi! (2). »

Une simple croix de pierre sur laquelle est gravée

---

(1) M. Goujon, dans son *Histoire de Bernay*, a consacré
quelques lignes à la peste de 1650, et à l'établissement des
Filles de Charité.

(2) *Journal de Bernay* du 21 octobre 1874.

la courte inscription suivante marque seule la place
où est déposée, au cimetière de Ste Croix, sa dépouille
mortelle :

Sœur Vincent

GATINAUT

Fille de la Charité

Décédée le 16 octobre 1874

Dans sa 50e année

27 ans de Vocation

———

Priez le bon DIEU pour elle !

Qu'ajouter à ces lignes si expressives, histoire de
l'ordre tout entier des Filles de Charité, sinon de demander à ces soi-disant philosophes modernes qui ne
croient plus en Dieu ; à ces prétendus philantropes
qui n'exercent leur charité qu'envers ceux qui pro-
fessent leurs doctrines ; à ces fameux réformateurs
qui veulent renverser nos institutions sociales pour y
substituer celles enfantées par leur cerveau fêlé, sinon
do demander à tous ces *esprits forts,* par quoi et
comment ils remplaceront les sublimes et immortelles
œuvres de saint Vincent de Paul !

Le Christianisme seul depuis dix-huit siècles a produit tout ce qui est grand, beau, noble et durable,
dont notre histoire nationale peut s'enorgueillir ; n'est-
il pas à craindre que ces aveugles qui veulent con-
duire d'autres aveugles ne tombent dans les ornières du
chemin, et que l'édifice qu'ils prétendent élever sur
le sable ou sur des ruines ne les écrase dans sa chute
imminente !

Etablissements dirigés par des sœurs de Saint-Vincent-de-Paul dans l'arrondissement de Bernay.

1° Hospice civil de Bernay. — L'hospice civil fondé en 1697, sous le titre d'*Hôpital général,* par noble dame Marie-Anne d'Azac (ou d'Arzac), veuve de messire Marc-Antoine Deshays, écuyer, sieur de Ticheville, fut d'abord desservi par deux hospitalières de Vimoutiers, puis par une communauté particulière connue sous le titre de N.-D. de Pitié, mais qui, ne pouvant se suffire, fut obligée de se dissoudre en 1830 et fut remplacée par des filles de la Charité, aujourd'hui au nombre de onze (1).

L'hospice possède une relique, une statue moderne et un portrait ancien, peu ressemblant de saint Vincent de Paul.

2° Thibouville (canton de Beaumont-le-Roger.) — L'on dit que ce fut aussi Vincent de Paul qui conduisit à Thibouville les premières sœurs de son ordre qui s'y établirent.

Aucunes preuves sérieuses ne confirment cette assertion qui nous paraît hasardée.

Le seul document où il soit fait mention des sœurs de Thibouville, dit que : « En 1704, le marquis de « Thibouville fonda une rente de 300 francs pour deux « sœurs de charité, et de plus 100 francs pour acheter des remèdes aux pauvres malades. Il paraît « que cette rente subsiste encore. » (2).

____

(1) Voir *Notice sur l'hospice de Bernay,* par F. Malbranche.
(2) A. Le Prévost. — *Mémoires et Notes.*

Les religieuses de Thibouville sont actuellement au nombre de 6; elles s'occupent spécialement et avec succès de l'instruction des jeunes filles qui leur sont confiées. Leur établissement est très-prospère et s'agrandit chaque année.

3° Beaumesnil. — La fondation des sœurs Saint-Vincent, à Beaumesnil, qui ne remonte qu'à une vingtaine d'années, est due à la générosité de M. le marquis de Montmorency-Laval.

Le pensionnat de demoiselles dirigé par les sœurs, au nombre de six, augmente d'importance et est digne de la réputation dont il jouit.

E. Veuclin

Membre de la société de l'histoire de France et de plusieurs sociétés savantes de Normandie, Délégué du comité de l'association des artistes musiciens.

Bernay, 12 mai 1876.

Extrait de l'*Histoire de la Ville de Bernay, suivie de notes historiques et archéologiques sur les communes du canton*, par E. VEUCLIN et A. BAZIN.

Vᵉ Alfred LEFÉVRE
Imp. à Bernay.

www.ingramcontent.com/pod-product-compliance
Lightning Source LLC
Chambersburg PA
CBHW061127050726

47594CB00005B/2136